Fernsehansprache

von

Bundeskanzlerin Angela Merkel

メルケル首相のテレビ演説

― コロナ危機に挑むドイツ ―

Kurahei Ogino

DOGAKUSHA Verlag

写真提供　　：shutterstock
表紙デザイン：アップルボックス

はじめに

　本書は、2020 年 3 月 18 日に放映されたアンゲラ・メルケル　ドイツ連邦共和国首相のテレビ演説の全文です。この演説は、世界保健機関（WHO）が 3 月 11 日に新型コロナウイルスについてパンデミック宣言を発表した直後に放映されました。新年のあいさつを除けば、首相がテレビ演説をすることは異例のことであり、そのこと自体状況の切迫性を物語っています。

　アンゲラ・メルケル首相は 1954 年 7 月 17 日ハンブルク生まれ。牧師の父が当時の東ドイツの教会に赴任することになり家族で移住。ライプツィヒ大学で物理学の博士号を取得し科学者を目指す中、1989 年 11 月 9 日の「ベルリンの壁の崩壊」が人生の転機となり政治の世界に入ります。1990 年キリスト教民主同盟（CDU）に入党。2005 年にはドイツ初の女性首相に就任し、現在 4 期目です。この間、2022 年までの脱原発や、シリアからの 100 万人を超える大量の難民申請者の受け入れなど、「生命と健康の保全を最優先にする」という彼女の政治理念に基づく政策を実行してきました。

　イタリアやスペインですでにパンデミックや医療崩壊が発生し、ドイツでもその可能性が危惧されていたこの時期において、メルケル首相のこの演説は国民に向けていったい何を訴えかけたのでしょうか。それは何よりもまず、事態は深刻であること、そしてこの国が選択するのは「自由と市民権を守りながらウイルスを封じ込める」道である、という彼女の決意表明であったと言えましょう。世界的感染拡大の収束がいまだに見通せない今日、私たちはこの危機にどのように向き合えばよいのでしょうか。

　彼女の演説には私たち日本人にとっても参考となる知恵が含まれています。

　なお、演説のドイツ語原文などは、2020 年 3 月 18 日付「ドイツ連邦政府ホームページ」より転載させて頂きました。

　https://www.bundesregierung.de/breg-de/themen/coronavirus/ansprache-der-kanzlerin-1732108

　本書刊行の趣旨に賛同され、転載をご快諾頂きましたドイツ大使館並びに広報課のご厚意に対し、深甚の謝意を表します。

2021 年　春　　　　　　　　　　　　　　　　　　　　　　　　　編者

1

Liebe Mitbürgerinnen, liebe Mitbürger[1],

das Coronavirus[2] verändert zurzeit[3] das Leben in unserem Land dramatisch. Unsere Vorstellung von[4] Normalität, von öffentlichem Leben, von sozialem Miteinander[5]— all das[6] wird auf die Probe
5 gestellt[7] wie nie zuvor[8].

Millionen von Ihnen können nicht zur Arbeit, Ihre Kinder können nicht zur Schule oder in die Kita[9], Theater und Kinos und Geschäfte sind geschlossen, und, was vielleicht das Schwerste ist[10]: uns allen fehlen[11] die Begegnungen, die sonst selbstverständlich sind. Natürlich
10 ist jeder von uns[12] in solch einer Situation voller Fragen und voller Sorgen[13], wie es weitergeht.

Ich wende[14] mich heute auf diesem ungewöhnlichen Weg[15] an Sie, weil ich Ihnen sagen will, was mich als Bundeskanzlerin und alle meine Kollegen in der Bundesregierung in dieser Situation leitet[16].
15 Das gehört zu[17] einer offenen Demokratie: dass wir die politischen Entscheidungen auch transparent machen und erläutern. Dass wir unser Handeln möglichst gut begründen und kommunizieren, damit[18] es nachvollziehbar[19] wird.

1 **Liebe Mitbürgerinnen, liebe Mitbürger**「親愛なる市民の皆様」単数形は、それぞれ Mitbürgerin（女性の市民）、Mitbürger（男性の市民；単数複数同形）。

2 **das Coronavirus**（Corona+Virus）「コロナウイルス」発音は［コローナ・ヴィールス］

3 **zurzeit**（<zur Zeit）「目下、現在」

4 **Unsere Vorstellung von ...³**「〜³についての我々の考え方・イメージ」

5 **soziales Miteinander**「社会における交流」

6 **all das**（前文の内容を受けて）「これらすべてのこと」

7 **all das wird auf die Probe gestellt** は、...⁴ auf die Probe stellen（〜⁴を試す）の受動文。

8 **wie nie zuvor**「かつてないほどに」

9 「仕事に行くことができない、学校やキータに行くことができない」の意味。つまり文末にそれぞれ gehen を補って考える：[...] können nicht zur Arbeit (gehen), [...] können nicht zur Schule oder in die Kita (gehen).

 Kita（<Kindertagesstätte）「キータ」0歳から6歳までの児童を預かる「全日制保育所」のこと。日本の保育園・幼稚園・学童保育に相当する。

10 **was vielleicht das Schwerste ist**「なかでも最もつらいことはおそらく〜」

11 **...³ fehlen**「〜³に（あるものが）欠けている、なくなっている」uns allen（わたしたちすべてに）が3格目的語で、die Begegnungen（人との出会い）が主語。それを先行詞として die 以下の関係文が続く。

12 **jeder von uns**「わたしたちのだれもが」(*each of us*)。

13 **voller Fragen und voller Sorgen, wie es weitergeht**「今後どうなっていくのかという疑問と不安で一杯（である）」

14 **sich⁴ an ...⁴ wenden**（再帰動詞）「〜⁴に語りかける」

15 **auf diesem ungewöhnlichen Weg**「このようないつもとは違うやり方で」

16 was 以下の文は sagen の目的語。また leitet の主語は was。「何が（つまりどのような基本方針が）首相としての私と連邦政府の閣僚全員を導いていくのか」

17 **zu ...³ gehören**「〜³の一部である」

18 **damit**（従属接続詞）「〜するために」

19 **nachvollziehbar**「理解できる」

I の練習問題

Übung 1

例にならって、（　　　　）に単語の意味を、[　　　　]にはその発音をカタカナ
で記入し、太字でアクセントの位置を示してください。

例：lernen（学ぶ）
[レルネン]

1. verändern（　　　　）2. Leben（　　　　）　　3. geschlossen（　　　　）
[　　　　　　] [　　　　　　] [　　　　　　]

4. natürlich（　　　　）　5. Entscheidung（　　　　）6. Geschäft（　　　　）
[　　　　　　] [　　　　　　] [　　　　　　]

7. Theater（　　　　）　8. kommunizieren（　　　　）
[　　　　　　] [　　　　　　]

Übung 2

本文中から男性名詞・女性名詞・中性名詞を一語ずつ抜き出し、格変化させましょう。

		男性名詞	女性名詞	中性名詞
単数	1格	der	die	das ....
	2格	....	....	....
	3格	....	....	....
	4格	....	....	....
複数	1格	die	die	die ....
	2格	....	....	....
	3格	....	....	....
	4格	....	....	....

Übung 3

下の表の動詞・助動詞を現在人称変化させましょう。

	sagen	sein	werden	können	wollen
ich					
du					
er/sie/es					
wir					
ihr					
sie/Sie					

Übung 4

本文の内容について、ドイツ語で答えましょう。

1. Wie heißt die Bundeskanzlerin?

....

2. Was verändert das Leben in Deutschland?

....

3. Können die Kinder nicht zur Schule?

....

4. Was gehört zur offenen Demokratie?

....

Ich glaube fest daran[1], dass wir diese Aufgabe bestehen, wenn wirklich alle Bürgerinnen und Bürger sie als IHRE Aufgabe begreifen[2].

Deswegen lassen Sie mich sagen[3]: Es ist ernst. Nehmen Sie es auch
5 ernst[4]. Seit der Deutschen Einheit[5], nein, seit dem Zweiten Weltkrieg gab es[6] keine Herausforderung an unser Land mehr, bei der es so sehr auf unser gemeinsames solidarisches Handeln ankommt[7].

Ich möchte Ihnen erklären, wo wir aktuell stehen in der Epidemie, was die Bundesregierung und die staatlichen Ebenen[8] tun, um alle
10 in unserer Gemeinschaft zu schützen und den ökonomischen, sozialen, kulturellen Schaden zu begrenzen[9]. Aber ich möchte Ihnen auch vermitteln, warum es Sie dafür braucht, und was jeder und jede Einzelne[10] dazu beitragen kann.

Zur Epidemie - und alles, was ich Ihnen dazu sage[11], kommt aus den
15 ständigen Beratungen der Bundesregierung mit den Experten des Robert-Koch-Instituts[12] und anderen Wissenschaftlern und Virologen: Es wird weltweit unter Hochdruck geforscht[13], aber noch gibt es[14] weder eine Therapie gegen das Coronavirus noch[15] einen Impfstoff.

1 **daran glauben, dass ...**「daran（そのことを）、つまり dass 以下のことを信じる」

2 **...⁴ als ...⁴ begreifen**「〜⁴を〜⁴として理解する、受け止める」

3 **lassen Sie mich sagen**「私をして［こう］言わせてください」

4 **...⁴ ernst nehmen**「〜⁴を深刻に受け止める」

5 **die Deutsche Einheit**「ドイツ統一」1990 年 10 月 3 日に、ドイツ連邦共和国（通称西ドイツ）にドイツ民主主義共和国（通称東ドイツ）が統合されて統一ドイツが誕生した。

6 **gab es<es gibt ...⁴**（非人称構文）「〜⁴がある、存在する」4 格目的語は keine Herausforderung an unser Land。bei der 以下は関係文。der は Herausforderung を先行詞とする関係代名詞。

7 **es kommt auf ...⁴ an**（非人称構文）「〜⁴が重要である、〜⁴にかかっている」**unser gemeinsames solidarisches Handeln**「私たちの一致団結した行動」

8 **die Bundesregierung und die staatlichen Ebenen**「連邦政府と州政府・地方自治体」ドイツは 16 州からなる連邦国家で、各州政府には大きな権限が与えられている。

9 **um ... zu** 不定詞「〜するために」（*in order to* 不定詞）。alle（すべての人々を）は schützen の 4 格目的語。

10 **jeder (Einzelne) und jede Einzelne**「各人が」前半は男性形、後半は女性形。

11 **alles, was ich Ihnen dazu sage**「皆さんにそれ（エピデミック）について述べるすべてのことは」

12 **Robert-Koch-Institut**「ロベルト・コッホ研究所」1891 年に設立されたドイツ国立感染症研究機関で、感染症についての研究・助言を行う。

13 **Es wird ... geforscht**「研究が行われている」自動詞 forschen の受動態で、文頭の es は形式上の主語。**unter Hochdruck**「全力で」

14 **gibt es** →注 6。

15 **weder ... noch ...**「〜も〜もない」（*neither ... nor ...*）。

Ⅱの練習問題

Übung 1

例にならって、（　　　　）に単語の意味を、［　　　　　］にはその発音をカタカナ
で記入し、太字でアクセントの位置を示してください。

例：lernen（学ぶ）
［ レルネン ］

1. erklären （　　　　）　　2. Epidemie （　　　　　）　　3. gemeinsam （　　　　　）
［　　　　　　］　　　　　［　　　　　　　］　　　　　［　　　　　　　］

4. brauchen （　　　　）　　5. wirklich （　　　　）　　6. sozial （　　　　）
［　　　　　　］　　　　　［　　　　　　］　　　　　［　　　　　　］

7. Weltkrieg （　　　　）　　8. Bundesregierung （　　　　）
［　　　　　　］　　　　　［　　　　　　　　　］

Übung 2

本文中から男性名詞・女性名詞・中性名詞を一語ずつ抜き出し、格変化させましょう。

		男性名詞	女性名詞	中性名詞
単数	1格	der	die	das ....
	2格	....	....	....
	3格	....	....	....
	4格	....	....	....
複数	1格	die	die	die ....
	2格	....	....	....
	3格	....	....	....
	4格	....	....	....

Übung 3

下の表の動詞・助動詞を現在人称変化させましょう。

	kommen	geben	nehmen	ankommen	
ich					möchte
du					
er/sie/es					
wir					
ihr					
sie/Sie					

Übung 4

本文中から「目的」を表す＜um...zu 不定詞＞を含む文を抜き出し、それを参考にド
イツ語の作文をしましょう。

本文中の文例：...

....

1. 私はドイツに留学するために、ドイツ語を学ぶ。

   ［in Deutschland, studieren, Deutsch, lernen］

   ....

2. 人は生きるために、働かなければならない。

   ［man, leben, arbeiten, müssen］

   ....

3. 私の母親はパンを買うために、パン屋へでかける。

   ［meine Mutter, Brot, kaufen, zum Bäcker, gehen］

   ....

III

Solange[1] das so ist, gibt es[2] nur eines, und das ist die Richtschnur all unseres Handelns: die Ausbreitung des Virus zu verlangsamen, sie über die Monate zu strecken und so Zeit zu gewinnen[3]. Zeit, damit[4] die Forschung ein Medikament und einen Impfstoff entwi-

5 ckeln kann. Aber vor allem[5] auch Zeit, damit diejenigen[6], die erkranken, bestmöglich versorgt werden können.

Deutschland hat ein exzellentes Gesundheitssystem, vielleicht eines der besten[7] der Welt. Das kann uns Zuversicht geben. Aber auch unsere Krankenhäuser wären[8] völlig überfordert, wenn in kürzester

10 Zeit zu viele Patienten eingeliefert würden, die einen schweren Verlauf der Coronainfektion[9] erleiden.

Das sind nicht einfach[10] abstrakte Zahlen in einer Statistik, sondern das ist ein Vater oder Großvater, eine Mutter oder Großmutter, eine Partnerin oder Partner, es sind Menschen. Und wir sind eine

15 Gemeinschaft, in der jedes Leben und jeder Mensch zählt[11].

1 **solange**（従属接続詞）「～である限りは」

2 **es gibt ...**[4]（非人称構文）「～[4]がある、存在する」

3 **die Ausbreitung des Virus zu verlangsamen, sie über die Monate zu strecken und so Zeit zu gewinnen** は、die Richtschnur（指針）を修飾する不定詞句。

4 **damit**（従属接続詞）「～するために」

5 **vor allem**「とりわけ、とくに」

6 **diejenigen, die erkranken**「病気になった人々」diejenigen は関係代名詞 die の先行詞。**versorgt werden können** は、versorgen の受動態 versorgt werden に können がついたもの。「ケア・医療が受けられうる」

7 **eines der besten**（*one of the best*）の後に Systeme を補う。

8 **wären ... überfordert**「収容能力を超えてしまうであろう」**wenn ... eingeliefert würden**「もし～搬入されることになれば」（ともに接続法２式による非現実話法）。

9 **Coronainfektion**（Corona+Infektion）「コロナ感染」

10 **nicht einfach ..., sondern ...**「たんに～ではなく、～である」

11 **zählen**「大切である」in der の der は Gemeinschaft を先行詞とする関係代名詞。

観光客の消えたベルリン・ブランデンブルク門

III の練習問題

Übung 1

例にならって、（　　　　）に単語の意味を、[　　　　] にはその発音をカタカナ
で記入し、太字でアクセントの位置を示してください。

例：lernen（ 学ぶ ）
[レルネン]

1. gewinnen（　　　　）　　2. Medikament（　　　　）　　3. einfach（　　　　）
[　　　　　　　]　　　　　　[　　　　　　　]　　　　　　[　　　　　　]

4. System（　　　）　　5. Statistik（　　　）　　6. abstrakt（　　　　）
[　　　　　　　]　　　　　[　　　　　　]　　　　　　[　　　　　]

7. Monat（　　　　）　　8. strecken（　　　）
[　　　　　　　]　　　　[　　　　　　]

Übung 2

本文中から男性名詞・女性名詞・中性名詞を一語ずつ抜き出し、格変化させましょう。

		男性名詞	女性名詞	中性名詞
単数	1格	der	die	das ....
	2格	....	....	....
	3格	....	....	....
	4格	....	....	....
複数	1格	die	die	die ....
	2格	....	....	....
	3格	....	....	....
	4格	....	....	....

Übung 3

次の動詞の 3 基本形を書きましょう。

不定詞	過去基本形	過去分詞
sagen		
		gewesen
	hatte	
	gab	
		versorgt
		eingeliefert

Übung 4

本文中から＜es gibt ...⁴＞（〜⁴がある）の用例を抜き出し、それを参考にドイツ語の作文をしましょう。

本文中の文例：...

....

1. ドイツには 16 の州があります。

[in Deutschland, 16 Bundesländer]

....

2. こちらにトイレがありますか。

[hier, eine Toilette]

....

3. 今晩（の食事）はステーキだ。

[heute Abend, Steak]

....

IV

Ich möchte mich bei dieser Gelegenheit zuallererst an alle wenden[1], die als Ärzte oder Ärztinnen, im Pflegedienst[2] oder in einer sonstigen Funktion in unseren Krankenhäusern und überhaupt im Gesundheitswesen[3] arbeiten. Sie stehen für uns in diesem Kampf in

5 der vordersten Linie[4]. Sie sehen als erste[5] die Kranken und wie schwer manche Verläufe der Infektion sind[6]. Und jeden Tag gehen Sie aufs Neue[7] an Ihre Arbeit und sind für die Menschen da. Was Sie leisten, ist gewaltig, und ich danke Ihnen von ganzem Herzen dafür.

10 Also[8]: Es geht darum, das Virus auf seinem Weg durch Deutschland zu verlangsamen[9]. Und dabei müssen wir, das ist existentiell[10], auf eines setzen[11]: das öffentliche Leben, soweit es geht[12], herunterzufahren[13]. Natürlich mit Vernunft und Augenmaß[14], denn der Staat wird weiter funktionieren, die Versorgung[15] wird selbstverständlich

15 weiter gesichert sein und wir wollen so viel wirtschaftliche Tätigkeit wie möglich[16] bewahren.

1. **sich⁴ an alle⁴ wenden**（再帰動詞）「すべての人々⁴に語りかける、感謝のことばを贈る」alle を先行詞として die 以下の関係文が続く。

2. **Pflegedienst**「介護機関・施設」

3. **Gesundheitswesen**（Gesundheit+s+Wesen）「医療制度・施設」

4. **in der vordersten Linie stehen**「最前線に立っている」

5. **als erste [Menschen]**「最初の人として、誰よりも先に」

6. **wie schwer manche Verläufe der Infektion sind** も sehen の目的語。「感染の経過のあるものがいかに重症化するかを見ている」

7. **aufs Neue**「あらたに、ふたたび」

8. **also**「つまり、すなわち」

9. **es geht darum, ... zu** 不定詞「問題・肝心なのはそのこと（darum）、つまり〜である」
   das Virus auf seinem Weg durch Deutschland zu verlangsamen「ウィルスがドイツに広がるのを遅らせること」

10. **das ist existentiell**（挿入句）「これは非常に重要なことですが」existentiell の発音は［エクスィステンツィエル］。

11. **auf eines setzen**「一つのことに賭ける」

12. **soweit es geht**「可能な限り」

13. **herunterzufahren**：不定詞は herunterfahren「シャットダウンする、ロックダウンする」

14. **mit Vernunft und Augenmaß**「合理的で冷静な判断をもって」

15. **Versorgung**「供給（体制）」

16. **so viel ... wie möglich**「できる限り多くの〜」

IV の練習問題

Übung 1

例にならって、（　　　　）に単語の意味を、［　　　　］にはその発音をカタカナで記入し、太字でアクセントの位置を示してください。

例：lernen（ 学ぶ ）

［ レ**ル**ネン ］

1. Gelegenheit（　　　　）2. Linie（　　　　）　3. Infektion（　　　　）

［　　　　　　　　］　［　　　　　　　　］　［　　　　　　　　］

4. bewahren（　　　　）　5. gewaltig（　　　　）6. funktionieren（　　　　）

［　　　　　　　　］　［　　　　　　　　］　［　　　　　　　　］

7. Mensch（　　　　）　　8. möglich（　　　　）

［　　　　　　　　］　［　　　　　　　　］

Übung 2

次の名詞を格変化させましょう。

		男性名詞	女性名詞	中性名詞
単数	1格	der	die	das ....
	2格	....	....	....
	3格	....	....	....
	4格	....	....	....
複数	1格	die Ärzte	die Ärztinnen	die Herzen
	2格	....	....	....
	3格	....	....	....
	4格	....	....	....

Übung 3

次の動詞の 3 基本形を書きましょう。

不定詞	過去基本形	過去分詞
wissen		
		gesichert
eingreifen		
reduzieren		
		beschlossen
	steckte…an	

Übung 4

本文の内容について、ドイツ語で答えましょう。

1. Wen möchte die Bundeskanzlerin zuallererst ansprechen?

   ....

2. Was muss man machen, um die Ausbreitung des Virus zu verlang-

   samen?

   ....

3. Darf man die wirtschaftliche Tätigkeit einstellen?

   ....

V

Aber alles, was[1] Menschen gefährden könnte, alles, was dem Einzelnen[2], aber auch der Gemeinschaft schaden könnte, das[3] müssen wir jetzt reduzieren.

Wir müssen das Risiko, dass der eine den anderen ansteckt[4], so
5 begrenzen, wie wir nur können[5].

Ich weiß, wie dramatisch schon jetzt die Einschränkungen sind: keine Veranstaltungen mehr[6], keine Messen, keine Konzerte und vorerst auch keine Schule mehr, keine Universität, kein Kindergarten, kein Spiel auf einem Spielplatz. Ich weiß, wie hart die Schließungen[7],
10 auf die sich Bund und Länder geeinigt haben[8], in unser Leben und auch unser demokratisches Selbstverständnis eingreifen[9]. Es sind Einschränkungen, wie es sie in der Bundesrepublik noch nie gab.

Lassen Sie mich versichern[10]: Für jemanden wie mich, für die[11] Reise- und Bewegungsfreiheit ein schwer erkämpftes Recht[12] waren,
15 sind solche Einschränkungen nur in der absoluten Notwendigkeit zu rechtfertigen[13]. Sie sollten in einer Demokratie nie leichtfertig und nur temporär beschlossen werden[14] - aber sie sind im Moment unverzichtbar, um Leben zu retten.

1 **alles, was ...**：was は alles を先行詞とする不定関係代名詞。「およそ〜するところのすべて」

2 **dem Einzelnen**「個々人に」schaden（害を及ぼす）の 3 格目的語。

3 **das** は先行する二つの関係文の内容を指す指示代名詞で、reduzieren の 4 格目的語。

4 **dass** 文は Risiko の内容を表す。**der eine den anderen ansteckt** は「ある人が（der eine：主語）別の人に（den anderen：4 格目的語）感染させる」

5 **das Risiko [...] so begrenzen, wie wir nur können**「リスクを可能な限り抑える」

6 **kein ... mehr**「もう（もはや）〜はない」**keine Veranstaltungen mehr**「もう何のイベントもない」（*no events any more*）。

7 **Schließung**「閉鎖、休業措置」

8 **sich⁴ auf ...⁴ einigen**（再帰動詞）「〜⁴ に合意する」**Bund und Länder**「連邦政府と州政府」

9 **in ...⁴ ein|greifen**「〜⁴ に介入する」**unser demokratisches Selbstverständnis**「民主主義についての私たち自身の認識」

10 **Lassen Sie mich versichern**「わたしをして〜を保証（約束）させてください」

11 **für die**：die は mich（メルケル首相）を先行詞とする関係代名詞（女性単数 4 格）。

12 **ein schwer erkämpftes Recht**「苦労して勝ちとった権利」

13 **sind ... zu rechtfertigen**「正当化されうる」＜sein＋zu 不定詞＞は「〜されうる／されねばならない」の意味。

14 **Sie sollten ... beschlossen werden**「それら（＝制限）は決定されるべきである」

──「コロナ入門書案内（その 1）」──

●熊谷 徹『パンデミックが露わにした「国のかたち」─欧州コロナ 150 日間の攻防』（NHK 出版新書）NHK 出版・2020 年 8 月。
　ドイツ在住のジャーナリストによる、コロナ危機に挑むドイツについての詳細な報告。

●ヤマザキマリ・中野 信子『パンデミックの文明論』（文春新書）文藝春秋・2020 年 8 月。
　二人の才女は、コロナで世界各国の「パンツの色」がわかったと言う。もちろんその国の人間観、歴史観、ものの見方のこと。

Ⅴ の練習問題

Übung 1

例にならって、（　　　　）に単語の意味を、［　　　　］にはその発音をカタカナ
で記入し、太字でアクセントの位置を示してください。

例：lernen（学ぶ）
［ レルネン ］

1. demokratisch（　　　　）　2. Risiko（　　　　）　3. Freiheit（　　　　）
　［　　　　　　　　　］　　　［　　　　　　　］　　　［　　　　　　　］
4. rechtfertigen（　　　　）　5. retten（　　　　）　6. Universität（　　　　）
　［　　　　　　　　　］　　　［　　　　　　　］　　　［　　　　　　　　　］

Übung 2

例にならって否定文を作りましょう。

例：Hast du Zeit? — Nein, ich habe **keine** Zeit.

1. Hat er ein Auto?

　.. .

2. Brauchen Sie eine Brille?

　.. .

3. Trinkst du Wein?

　.. .

4. Hast du Geld?

　.. .

Übung 3

本文中から「私は〜知っている」を表す **Ich weiß, ...** の用例を抜き出し、それを参考にドイツ語の作文をしましょう。

本文中の文例：..

....

1. 私はその先生がどれほどきびしいかを知っている。[der Lehrer, wie streng]

....

2. 私は彼女がどのような名前かを知っている。[wie, heißen]

....

3. 私は彼がどこに住んでいるか知らない。[wo, wohnen, nicht]

....

Übung 4

本文の内容について、ドイツ語で答えましょう。

1. Was müssen wir jetzt reduzieren?

....

2. Unter welchem Fall sind die Einschränkungen zu rechtfertigen?

....

3. Wozu sind solche Einschränkungen unverzichtbar?

....

VI

Deswegen sind seit Anfang der Woche die verschärften Grenzkontrollen und Einreisebeschränkungen[1] zu einigen unserer wichtigsten Nachbarländer[2] in Kraft[3].

Für die Wirtschaft, die großen Unternehmen genau wie die kleinen
5 Betriebe, für Geschäfte, Restaurants, Freiberufler[4] ist es jetzt schon sehr schwer. Die nächsten Wochen werden noch schwerer. Ich versichere Ihnen: Die Bundesregierung tut alles, was sie kann, um die wirtschaftlichen Auswirkungen abzufedern[5] - und vor allem um Arbeitsplätze zu bewahren.

10 Wir können und werden alles einsetzen, was es braucht, um unseren Unternehmern und Arbeitnehmern durch diese schwere Prüfung[6] zu helfen.

Und alle können sich darauf verlassen[7], dass die Lebensmittelversorgung jederzeit gesichert ist, und wenn Regale
15 einen Tag mal leergeräumt[8] sind, so werden sie nachgefüllt. Jedem, der in den Supermärkten unterwegs ist[9], möchte ich sagen: Vorratshaltung[10] ist sinnvoll, war es[11] im Übrigen[12] immer schon. Aber mit Maß; Hamstern, als werde[13] es nie wieder etwas geben, ist sinnlos und letztlich vollkommen unsolidarisch[14].

1 **Grenzkontrollen**（Grenze+Kontrolle）「国境管理」、**Einreisebeschränkungen**（Einreise+Beschränkung）「入国制限」

2 **zu einigen unserer wichtigsten Nachbarländer**「我が国の最も重要な隣国のいくつかに対して」unserer wichtigsten Nachbarländer は、einigen にかかる複数2格の名詞。

3 **in Kraft sein**「発効している、実施されている」

4 **Freiberufler**「フリーランサー」

5 **die wirtschaftlichen Auswirkungen ab|federn**「経済的影響を和らげる」

6 **...³ durch diese schwere Prüfung helfen**「～³がこの厳しい試練を乗り越える支援をする」

7 **sich⁴ darauf verlassen, dass...**「そのことを（darauf）、つまり～であることを信頼する」

8 **leergeräumt**「空になった」

9 **in den Supermärkten unterwegs sein**「スーパーに向かう途中である」

10 **Vorratshaltung**（Vorrat+s+Haltung）「ストックの買い置き」

11 **es** は、形容詞 sinnvoll を指す。つまり Vorratshaltung war <u>sinnvoll</u> の意。

12 **im Übrigen**「ところで」

13 **als werde es ... geben**「あたかも品物が二度と手に入らないかのように」＜als 接続法1式（または2式）...＞は「あたかも～であるかのように」の意味。＜als ob ... 接続法1式（または2式）＞とすることもできる：als ob es ... geben werde。

14 **unsolidarisch**「非連帯的な、連帯精神に反する」

───「コロナ入門書案内（その2）」───

●佐藤 優『人類の選択―「ポスト・コロナ」を世界史で解く』（NHK出版新書）NHK出版・2020年8月。

　ポスト・コロナで我々が選択するのは二つの選択軸。連帯か孤立か？民主主義か独裁主義か？

●『コロナ後の世界を語る　現代の知性たちの視線』（朝日新書）朝日新聞出版・2020年8月。

　22名の論客による読み応えのある論考集。生物学者福岡伸一氏は、ウイルスとは人類の進化を加速する利他的な存在であり、共に「動的平衡」を生きるしかない、と述べる。

VI の練習問題

Übung 1

例にならって、（　　　　）に単語の意味を、［　　　　　］にはその発音をカタカナ
で記入し、太字でアクセントの位置を示してください。

例：lernen（ 学ぶ ）
［ レルネン ］

1. Anfang（　　　　　） 　　2. Wirtschaft（　　　　　） 　　3. nächst（　　　　　）
［　　　　　　　］ 　　　　　　［　　　　　　　］ 　　　　　　　［　　　　　　　］
4. einsetzen（　　　　　） 　　5. verlassen（　　　　　） 　　6. wieder（　　　　　）
［　　　　　　　］ 　　　　　　［　　　　　　　］ 　　　　　　　［　　　　　　　］

Übung 2

例にならって合成語のなりたちを確認しましょう。

例：	Bundesregierung*	→	Bund	+	Regierung
意味：	連邦政府		連邦		政府
	Arbeitsplatz	→		+	
意味：					
	Nachbarland	→		+	
意味：					
	Lebensmittelversorgung	→		+	
意味：					

（＊合成語には、ただ単語を並べたものと、Bund<u>es</u>regierung のように結合を表す -(e)s が挿入
されるものもあります）

24

Übung 3

次の形容詞の比較変化形を書きましょう。

原形	比較級	最上級
	schwerer	
		wichtigst /am wichtigsten
alt		
	größer	
		best/am besten
viel		

Übung 4

本文の内容について、ドイツ語で答えましょう。

1. Seit wann verschärft Deutschland die Einreisebeschränkungen?

   ....

2. Was versichert die Bundeskanzlerin den Bürgerinnen und Bürgern?

   ....

3. Ist Hamstern sinnvoll und solidarisch?

   ....

VII

Und lassen Sie mich auch hier Dank aussprechen an Menschen, denen zu selten gedankt wird[1]. Wer[2] in diesen Tagen an einer Supermarktkasse sitzt oder Regale befüllt, der macht einen der schwersten Jobs[3], die es zurzeit gibt. Danke, dass[4] Sie da sind für
5 Ihre Mitbürger und buchstäblich den Laden am Laufen halten[5].

Jetzt zu dem, was mir heute das Dringendste ist[6]: Alle staatlichen Maßnahmen gingen[7] ins Leere, wenn wir nicht das wirksamste Mittel gegen die zu schnelle Ausbreitung des Virus einsetzen würden[8]: Und das[9] sind wir selbst. So wie[10] unterschiedslos jeder von
10 uns von dem Virus betroffen sein kann, so muss jetzt auch jede und jeder[11] helfen. Zuallererst, indem wir ernst nehmen, worum es heute geht[12]. Nicht in Panik verfallen, aber auch nicht einen Moment[13] denken, auf ihn oder sie komme es doch nicht wirklich an[14]. Niemand ist verzichtbar. Alle zählen, es braucht unser aller
15 Anstrengung.

Das ist, was eine Epidemie uns zeigt[15]: wie verwundbar wir alle sind, wie abhängig von dem rücksichtsvollen Verhalten anderer[16], aber damit eben auch[17]: wie wir durch gemeinsames Handeln uns schützen und gegenseitig stärken können.

1 **an ...⁴ Dank aussprechen**「～⁴に向けて感謝を述べる」an Menschen が aussprechen の後に来ているのは、そのあとに Menschen を先行詞とし、denen で始まる関係文が続くため。なお denen は自動詞 danken の3格目的語。自動詞の受動文は主語のない非人称構文となる。「めったに感謝されない人々に向けて～」

2 **Wer ..., der ...**：wer は不定関係代名詞、der はそれを受ける指示代名詞。「およそ～する人は、（その人は）～」

3 **einen der schwersten Jobs** = *one of the most difficult jobs*。

4 **Danke, dass ...**「～に感謝します」dass 文の中で für ihre Mitbürger が sind の後にきているのは強調のため。

5 **den Laden am Laufen halten** は「仕事をうまく回す・切り盛りする」という成句。ここではスーパーなど店の従業員のことを話題にしているので、「文字通り den Laden（店）をうまく回している」と洒落て言ったもの。

6 **Jetzt zu dem, was mir heute das Dringendste ist**「これから私にとって今日最も急を要することについて（お話します）」

7 **gingen**：gehen の接続法2式。非現実話法。ins Leere gehen「無に帰す」

8 **würden**：werden の接続法2式。非現実話法。

9 **das** = das wirksamste Mittel。

10 **So wie unterschiedslos ..., so ...**「区別なしに～となるのと同じように～」

11 **jede und jeder**「各人が」jede は女性形、jeder は男性形。

12 **worum es heute geht** は ernst nehmen の目的語。「今日の事態を真剣に受け止める」

13 **nicht einen Moment denken, ...**「一瞬たりとも～と考えない」

14 **auf ihn oder sie komme es doch nicht wirklich an**：es kommt auf ...⁴ an（非人称構文）「～⁴にかかっている」ihn と sie は、それぞれ3行上の jeder、jede を受けている。「自分には関係ない」「自分が規則を守らなくともたいしたことはなかろう」の意。なお komme ... an は接続法1式で、denken の内容を表す。

15 **Das ist, was eine Epidemie uns zeigt: ...**「これが伝染病が私たちに示しているものです。つまり～」

16 **Verhalten anderer**「ほかの人々の行動」anderer は複数2格。

17 **aber damit eben auch**「しかしそれとともにまた」

VII の練習問題

Übung 1

例にならって、（　　　　）に単語の意味を、[　　　　]にはその発音をカタカナ
で記入し、太字でアクセントの位置を示してください。

例：lernen（学ぶ）
[レルネン]

1. Regal（　　　　）　　2. wirksam（　　　　　）　　3. aussprechen（　　　　）
[　　　　　]　　　　　　[　　　　　　　]　　　　　　[　　　　　　　　]

4. Moment（　　　　）　　5. niemand（　　　　　）　　6. Anstrengung（　　　　）
[　　　　　]　　　　　　[　　　　　　　]　　　　　　[　　　　　　　　]

7. abhängig（　　　　）　　8. Verhalten（　　　　）
[　　　　　]　　　　　　[　　　　　　　]

Übung 2

次の名詞を格変化させましょう。

		男性名詞	女性名詞	中性名詞
単数	1格	der	die	das ....
	2格	....	....	....
	3格	....	....	....
	4格	....	....	....
複数	1格	die Jobs	die Maßnahmen	die Mittel
	2格	....	....	....
	3格	....	....	....
	4格	....	....	....

Übung 3

非現実話法の練習です。[   ] の動詞を接続法2式に直し下線部に入れましょう。

1. Wenn das Wetter schön _____ [sein], _____ [werden] wir

   einen Ausflug machen.

2. Wenn ich Zeit _____ [haben], _____ [werden] ich auch ins

   Kino gehen.

3. Wenn ich ein Vöglein _____ [sein], _____ [fliegen] ich zu

   dir.

Übung 4

本文の内容について、ドイツ語で答えましょう。

1. Wem möchte die Bundeskanzlerin danken?

   ....

2. Was ist das wirksamste Mittel gegen die zu schnelle Ausbreitung des

   Virus?

   ....

3. Können manche von uns vom Virus verschont bleiben?

   ....

VIII

Es kommt auf jeden an[1]. Wir sind nicht verdammt[2], die Ausbreitung des Virus passiv hinzunehmen. Wir haben ein Mittel dagegen: wir müssen aus Rücksicht voneinander Abstand halten[3]. Der Rat der Virologen ist ja eindeutig: Kein Handschlag mehr, gründlich und oft
5 die Hände waschen, mindestens eineinhalb Meter Abstand zum Nächsten[4] und am besten kaum noch Kontakte zu den ganz Alten[5], weil sie eben besonders gefährdet sind.

Ich weiß, wie schwer das ist, was[6] da von uns verlangt wird. Wir möchten, gerade in Zeiten der Not[7], einander nah sein. Wir kennen
10 Zuwendung als körperliche Nähe[8] oder Berührung. Doch im Augenblick ist leider das Gegenteil richtig. Und das müssen wirklich alle[9] begreifen: Im Moment ist nur Abstand Ausdruck von Fürsorge[10].

Der gutgemeinte Besuch, die Reise, die nicht hätte sein müssen[11],
15 das alles kann Ansteckung bedeuten und sollte jetzt wirklich nicht mehr stattfinden. Es hat seinen Grund, warum die Experten sagen: Großeltern und Enkel sollten jetzt nicht zusammenkommen.

1　**es kommt auf ...⁴ an**（非人称構文）「〜⁴にかかっている」

2　**verdammt sein, ... zu** 不定詞「〜に運命づけられている、〜せざるを得ない」

3　**voneinander Abstand halten**「互いに距離を保つ」

4　**Abstand zum Nächsten**「隣人との距離」

5　**Kontakte zu den ganz Alten**「高齢者との接触」

6　**das, was ...** :「〜するところのそれは」das は指示代名詞で、不定関係代名詞 was の先行詞。「私たちによって要求されることは」

7　**gerade in Zeiten der Not**「このような困難なときにこそ」

8　**körperliche Nähe**「身体的な近さ、そばにいること」**...⁴ als ...⁴ kennen**「〜⁴を〜⁴として知っている」

9　**alle**「すべての人々が」

10　**Ausdruck von Fürsorge**「思いやり（配慮）の表現」

11　**die Reise, die nicht hätte sein müssen**「（そうしようと思えば）しなくともよかったであろうような旅行」hätte は haben の非現実話法の接続法 2 式。

規制反対デモのプラカード（私は右翼でも過激派でも変人でもありません。自由と民主主義を心配する普通の女性市民です）

VIII の練習問題

Übung 1

例にならって、（　　　　）に単語の意味を、[　　　　　]にはその発音をカタカナ
で記入し、太字でアクセントの位置を示してください。

例：lernen（ 学ぶ ）

[レルネン]

1. gerade（　　　　）　　2. Augenblick（　　　　　）　3. hinnehmen（　　　　）

[　　　　　]　　　　　　[　　　　　　]　　　　　　　[　　　　　]

4. Abstand（　　　）　　5. Enkel（　　　）　　　6. stattfinden（　　　）

[　　　　　]　　　　　　[　　　　]　　　　　　　[　　　　　]

7. Besuch（　　　）　　8. eindeutig（　　　）

[　　　　　]　　　　　　[　　　　　　]

Übung 2

次の名詞（形容詞の名詞的用法）を格変化させましょう。

	男性の「老人」	女性の「老人」	「老人たち」
1 格	der Alte	....	die Alten
2 格	....	....	....
3 格	....	....	....
4 格	....	die Alte	....

	男性の「隣人」	女性の「隣人」	「隣人たち」
1 格	....	....	....
2 格	....	der Nächsten	....
3 格	....	....	den Nächsten
4 格	die Nächsten	....	....

Übung 3

例にならって「理由を表す接続詞」**weil** を用いた練習をしましょう。

例：Warum bleibt Jürgen zu Hause? [Er hat Fieber.]
→　Er bleibt zu Hause, **weil** er Fieber hat.

1.　Warum fährt Sabine nach Mallorca? [Sie hat Urlaub.]

→　... .

2.　Warum lernt Michael jetzt viel? [Er hat bald Prüfungen.]

→　... .

3.　Warum geht Petra nie ins Schwimmbad?

　　[Sie kann nicht schwimmen.]

→　... .

Übung 4

本文の内容について、ドイツ語で答えましょう。

1.　Wie viel Abstand ist notwendig?

　　... .

2.　Warum müssen wir Kontakte zu den ganz Alten vermeiden?

　　... .

3.　Was müssen wir alle begreifen?

　　... .

IX

Wer[1] unnötige Begegnungen vermeidet, hilft allen, die[2] sich in den Krankenhäusern um täglich mehr Fälle kümmern müssen. So retten wir Leben. Das wird für viele schwer, und auch darauf wird es ankommen: niemanden allein zu lassen, sich um die[3] zu kümmern,
5 die Zuspruch und Zuversicht brauchen. Wir werden als Familien und als Gesellschaft andere Formen finden, einander beizustehen.

Schon jetzt gibt es viele kreative Formen, die dem Virus und seinen sozialen Folgen trotzen[4]. Schon jetzt gibt es Enkel, die ihren Großeltern einen Podcast aufnehmen[5], damit sie nicht einsam sind.

10 Wir alle müssen Wege finden, um Zuneigung und Freundschaft zu zeigen[6]: Skypen, Telefonate, Mails und vielleicht mal wieder Briefe schreiben. Die Post wird ja ausgeliefert. Man hört jetzt von wunderbaren Beispielen von Nachbarschaftshilfe[7] für die Älteren, die nicht selbst zum Einkaufen gehen können. Ich bin sicher, da geht noch
15 viel mehr[8] und wir werden als Gemeinschaft zeigen, dass wir einander nicht allein lassen.

Ich appelliere an Sie: Halten Sie sich an die Regeln, die nun für die nächste Zeit gelten[9]. Wir werden als Regierung stets neu prüfen, was sich wieder korrigieren lässt[10], aber auch: was womöglich noch
20 nötig ist.

1 **Wer** は「〜するところの人はだれでも」を表す不定関係代名詞。

2 **die** は allen（すべての人々：複数 3 格）を先行詞とする関係代名詞。sich⁴ um ...⁴ küm-mern（再帰動詞）「〜⁴ の世話をする、ケアをする」Fälle はここでは「症例、患者」の意味。

3 **die** は後続の関係文 die Zuspruch und Zuversicht brauchen の先行詞。「励ましと希望を必要とする（ところの）人々」

4 **...³ trotzen**「〜³ に対抗する」

5 **einen Podcast aufnehmen**「ポッドキャストを録音する」

6 **um ... zu** 不定詞「〜するために」（*in order to* 不定詞）

7 **Nachbarschaftshilfe**（Nachbarschaft+s+Hilfe）「近所同士の助け合い」

8 **da geht noch viel mehr**「もっと多くのことが可能である」

9 **für die nächste Zeit gelten**「当分の間適用される」

10 **was sich wieder korrigieren lässt**「何がまた修正できるかを」＜sich⁴ ＋不定詞＋lassen＞は「〜されうる」の意味。was 文は prüfen の目的語。

EU/EEA and the UK	Sum of Cases	Sum of Deaths	14-day cumulative number of COVID-19 cases per 100 000	14-day cumulative number of COVID-19 deaths per 100 000
Spain	921 374	33 553	304.2	3.4
France	809 684	33 125	346.5	1.7
United_Kingdom	673 622	43 293	320.3	1.6
Italy	381 602	36 372	106.4	0.8
Germany	348 557	9 734	65.2	0.3
Netherlands	203 712	6 683	461.4	1.6
Belgium	191 866	10 327	577.9	2.6
Romania	168 490	5 674	200.0	4.2
Poland	149 903	3 308	148.6	2.0
Czechia	149 010	1 230	701.9	5.2

「ヨーロッパ地域の感染者数・死亡者数（2020 年 10 月 16 日）」（出典：European Centre for Disease Prevention and Control、https://www.ecdc.europa.eu/en/cases-2019-ncov-eueea）

IX の練習問題

Übung 1

例にならって、(　　　　　) に単語の意味を、[　　　　　] にはその発音をカタカナ
で記入し、太字でアクセントの位置を示してください。

例：lernen（ 学ぶ ）
[レルネン]

1. Großeltern（　　　　　） 2. Beispiel（　　　　　） 3. einsam（　　　　　）
[　　　　　　　] [　　　　　　　] [　　　　　　　]

4. schreiben（　　　　） 5. Gemeinschaft（　　　　　） 6. prüfen（　　　　　）
[　　　　　　　] [　　　　　　　] [　　　　　　　]

7. allein（　　　　） 8. korrigieren（　　　　　）
[　　　　　　] [　　　　　　　　]

Übung 2

次の名詞を格変化させましょう。

		男性名詞	女性名詞	中性名詞
単数	1格	der	die Form	das ....
	2格	....	....	....
	3格	....	....	....
	4格	....	....	....
複数	1格	die Experten	die	die Krankenhäuser
	2格	....	....	....
	3格	....	....	....
	4格	....	....	....

Übung 3

次の動詞の3基本形を書きましょう。

不定詞	過去基本形	過去分詞
aufnehmen		
		gezeigt
	half	
beistehen		
		ausgeliefert
	korrigierte	

Übung 4

不定関係代名詞 **wer** と **was** に注意して、次のドイツ語のことわざの意味を［　　　］から選び、その記号を（　　　）に記入しましょう。

1. Es ist nicht alles Gold, was glänzt. (　　)

2. Wer zuerst kommt, mahlt zuerst. (　　)

3. Was ich nicht weiß, macht mich nicht heiß. (　　)

4. Wer andern eine Grube gräbt, fällt selbst hinein. (　　)

［a. 人を呪わば、穴二つ。b. 人は見かけによらぬもの。c. 知らぬが仏。d. 早い者勝ち。］

X

Dies ist eine dynamische Situation, und wir werden in ihr lernfähig bleiben, um jederzeit umdenken und mit anderen Instrumenten reagieren zu können. Auch das werden wir dann erklären[1].

Deswegen bitte ich Sie: Glauben Sie keinen Gerüchten, sondern nur den offiziellen Mitteilungen, die wir immer auch in viele Sprachen übersetzen lassen.

Wir sind eine Demokratie[2]. Wir leben nicht von Zwang, sondern von geteiltem Wissen und Mitwirkung. Dies ist eine historische Aufgabe und sie ist nur gemeinsam zu bewältigen[3].

Dass wir diese Krise überwinden werden, dessen[4] bin ich vollkommen sicher. Aber wie hoch werden die Opfer sein[5]? Wie viele geliebte Menschen werden wir verlieren? Wir haben es zu einem großen Teil selbst in der Hand[6]. Wir können jetzt, entschlossen, alle miteinander reagieren. Wir können die aktuellen Einschränkungen annehmen und einander beistehen.

Diese Situation ist ernst und sie ist offen.

Das heißt: Es wird nicht nur, aber auch davon abhängen[7], wie diszipliniert jeder und jede[8] die Regeln befolgt und umsetzt.

Wir müssen, auch wenn[9] wir so etwas noch nie erlebt haben, zeigen, dass wir herzlich und vernünftig handeln und so Leben retten. Es kommt ohne Ausnahme auf jeden Einzelnen[10] und damit auf uns alle an.

Passen Sie gut auf sich und auf Ihre Liebsten auf[11]. Ich danke Ihnen. 5

---

1 **Auch das werden wir dann erklären.** 「そのとき（dann）には、そのこと（das）、つまりその理由も説明しましょう」

2 **Wir sind eine Demokratie** 「私たちは民主主義の国です」

3 **sie ist ... zu bewältigen** 「克服されうる」＜sein＋zu 不定詞＞は「～されうる／されねばならない」の意味。

4 **dessen** は sicher（確かな）の 2 格目的語で、Dass 文の内容を受ける。「それについて私は確信している」

5 **Aber wie hoch werden die Opfer sein?** 正確には、wie hoch ではなく、wie viele となるべきところ。「犠牲者はどれ位の数になるのか」

6 **...⁴ in der Hand haben** 「～⁴ は私たちの手の中にある、それを決めるのは私たちである」
   zu einem großen Teil 「大部分は」

7 **von ...³ ab|hängen** 「～³ に依存している」davon は wie 以下の文を先取りしている。

8 **jeder und jede** 「各人が」jeder は男性形、jede は女性形。

9 **auch wenn...** （従属接続詞）「たとえ～であろうとも」

10 **jeden Einzelnen** 「個々人」（単数4格）。

11 **auf ...⁴ auf|passen** 「～⁴（の健康）に気をつける」、**Ihre Liebsten** 「あなたの愛する人々」（複数4格）。

X の練習問題

Übung 1

例にならって、(　　　　　) に単語の意味を、[　　　　　] にはその発音をカタカナ
で記入し、太字でアクセントの位置を示してください。

例：lernen（学ぶ）

[レルネン]

1. bleiben（　　　） 2. dynamisch（　　　　） 3. Aufgabe（　　　　）

[　　　　　] [　　　　　] [　　　　　]

4. vernünftig（　　　） 5. Opfer（　　　） 6. erleben（　　　　）

[　　　　　] [　　　　　] [　　　　　]

7. abhängen（　　　） 8. jetzt（　　　）

[　　　　　] [　　　　　]

Übung 2

(　　　　　) に入る最も適当な語句を [　　　　　] の中から選びましょう。

[Gerüchten,　Aufgabe,　Regeln,　einander]

1. Wir dürfen keinen (　　　　) glauben.

2. Die (　　　　) ist nur gemeinsam zu bewältigen.

3. Jeder befolgt die (　　　　).

4. Wir können (　　　　) beistehen.

Übung 3

次の文を a) 過去、b) 現在完了の文に直しましょう。

1. So retten wir Leben.

    a) ....

    b) ....

2. Sie dankt uns.

    a) ....

    b) ....

3. Die Situation ist ernst.

    a) ....

    b) ....

4. Die Familie kommt zusammen.

    a) ....

    b) ....

Übung 4

本文の内容について、ドイツ語で答えましょう。

1. Warum muss man in der dynamischen Situation lernfähig bleiben?

    ....

2. Welcher Sache ist sich die Bundeskanzlerin in Bezug auf die Krise
   vollkommen sicher?

    ....

3. Wovon hängt es ab, dass sich die ernste Situation ändert?

    ....

メルケル演説と「ことばの力」

　Fernsehansprache（テレビ演説）は、Fernsehen（テレビ）+ Ansprache（演説）からなる合成語である。ドイツ語で「演説」のことは Rede ともいうが、「語りかける」を意味する動詞 ansprechen から造られた Ansprache の方が、Rede よりも「相手に訴えかける」ニュアンスが強くでる。実際メルケル首相演説では、ich wende mich an Sie（皆さんにお話しさせてください）、lassen Sie mich sagen/ansprechen（こう言わせてください）、ich appelliere an Sie（皆さんに訴えます）といった表現が繰り返し用いられ、そこには命令口調ではなく「語りかけ」によって市民の理解と協力を得ようとする謙虚さがにじみ出る。それはまた医療スタッフと普段感謝されることの少ないスーパーなどの従業員への敬意とお礼のことばからも伺われる。

　さらに、この演説文においては文構造も言葉使いも比較的平易なものが使われているが、これは今ドイツに暮らす多くの「移民背景」を有する人々を念頭に、緊急時にこそわかりやすいメッセージを届けようとする配慮の表れであろう。

　さて、演説に込められたメルケル首相のメッセージはシンプルだ。「事態は深刻である。第二次世界大戦以降、最大の試練である。問題はワクチンや治療薬が開発されない限り解決しない。だが開発までにはまだかなりの時間がかかるので、それまでに医療崩壊が起こらないようにウイルスの感染拡大速度を遅らせて時間を稼がねばならない。そのためには皆さん一人ひとりの協力が必要である」。その思いが最も凝縮されたキーフレーズを一つ挙げるとすれば、それは演説中に幾度となく繰り返されることば、es kommt auf jeden an「［ウイルス対策の成果は］一人ひとりにかかっています」に尽きる。

　メルケル首相の新型コロナウイルス対策を支える基本的な哲学は何よりも「民主主義」の堅持にある。彼女はイタリアやスペインで起きたパンデミックや医療崩壊はドイツでも発生する可能性があることを念頭に、それを阻止するにはロックダウン以外に選択肢のないことを強調する。しかしそれを実行に移すことは、同時にまた移動の自由、宗教活動の自由といった市民的権利の制限を伴う。それについて彼女は、その措置は民主国家としては「絶対的な必要性がなければ正当化されない」一時的なものであることを強調した上でこう述べる。「私たちは民主主義の国です。強制ではなく、知識の共有と参加の上に成りたっています。これは歴史的試練であり、結束しなければ乗り越えられません」。このような態度表明の背景には、第二次世界大戦中のユダヤ人迫害への反省の念に加えて、彼女自身が言論や旅行の自由が許されていなかった旧東独に育ったことも大きく関わっている。彼女にとってそれはまさに ein schwer erkämpftes Recht（苦労して勝ちとった権利）だったのだから。

それでは民主主義の基本は何かというと、メルケル首相は「透明性」（Transparenz）にあると述べる。重要な点なので彼女自身のことばを引用しよう。「開かれた民主主義とは、政治的決定を透明（transparent）にし、それを説明すること。そして私たちの取り組みを可能な限りきちんと根拠づけ、伝え、理解してもらえるようにすることです」。議論の透明性はとても重要だ。なぜならそれによってはじめてパンデミック対策について国民と情報を共有することができ、国民の信頼と自発的協力を期待できるからだ。

　この方法は、たしかに自由や市民権を犠牲にしてもウイルスの封じ込めを図る全体主義的国家の方法にくらべると、収束までにかなりの時間も労力もかかるであろうし、また苦戦もするであろう。しかし彼女にとって、民主主義、言論の自由、市民権といった人類の普遍的な価値は、ウイルスとの戦いという危機的状況においてはなおさらのこそ、決して手放してはならないものなのだ。

　新型コロナウイルス対策では、初動対応が遅れたあるいは対応を誤った国のリーダーたちが軒並み支持率を下げたのに対し、メルケル首相は反対に支持率を上げた数少ない政治指導者の一人である。国民の支持を獲得できた要因のなかで特記すべきことは、彼女が早い段階で演説を行い政府の基本方針を明示したこと、そしてとみに彼女が語るその「ことばの力」にあったのではなかろうか。二人称で語りかける彼女の演説には圧倒的な説得力があり、それを聴いたドイツ国民はメルケル政府に信頼を寄せ、パニックに陥ることなく冷静に行動することができたのである。

　　2021年　春

　　　　　　　　　　　　　　　　　　　　　　　　　　　　編　者

おもな不規則動詞の変化表

不　定　詞	直説法現在	直説法過去	接続法第2式	過　去　分　詞
beginnen 始める，始まる		**begann**	begänne (begönne)	**begonnen**
bieten 提供する		**bot**	böte	**geboten**
binden 結ぶ		**band**	bände	**gebunden**
bitten 頼む		**bat**	bäte	**gebeten**
bleiben とどまる		**blieb**	bliebe	**geblieben**
brechen 破る	*du* brichst *er* bricht	**brach**	bräche	**gebrochen**
bringen もたらす		**brachte**	brächte	**gebracht**
denken 考える		**dachte**	dächte	**gedacht**
dürfen ～してもよい	*ich* darf *du* darfst *er* darf	**durfte**	dürfte	**gedurft** (**dürfen**)
essen 食べる	*du* isst *er* isst	**aß**	äße	**gegessen**
fahren (乗り物で) 行く	*du* fährst *er* fährt	**fuhr**	führe	**gefahren**
fallen 落ちる	*du* fällst *er* fällt	**fiel**	fiele	**gefallen**
fangen 捕まえる	*du* fängst *er* fängt	**fing**	finge	**gefangen**
finden 見つける		**fand**	fände	**gefunden**
fliegen 飛ぶ		**flog**	flöge	**geflogen**
geben 与える	*du* gibst *er* gibt	**gab**	gäbe	**gegeben**
gehen 行く		**ging**	ginge	**gegangen**
gelingen うまくいく		**gelang**	gelänge	**gelungen**
gelten 有効である	*du* giltst *er* gilt	**galt**	gölte	**gegolten**
genießen 楽しむ		**genoss**	genösse	**genossen**

不　定　詞	直説法現在	直説法過去	接続法第2式	過去分詞
geschehen 起こる	*es* geschieht	**geschah**	geschähe	**geschehen**
gewinnen 得る		**gewann**	gewänne (gewönne)	**gewonnen**
graben 掘る	*du* gräbst *er* gräbt	**grub**	grübe	**gegraben**
greifen つかむ		**griff**	griffe	**gegriffen**
haben 持っている	*du* hast *er* hat	**hatte**	hätte	**gehabt**
halten つかんでいる	*du* hältst *er* hält	**hielt**	hielte	**gehalten**
hängen かかっている		**hing**	hinge	**gehangen**
heißen ～と呼ばれる		**hieß**	hieße	**geheißen**
helfen 助ける	*du* hilfst *er* hilft	**half**	hülfe (hälfe)	**geholfen**
kennen 知る		**kannte**	kennte	**gekannt**
kommen 来る		**kam**	käme	**gekommen**
können ～できる	*ich* kann *du* kannst *er* kann	**konnte**	könnte	**gekonnt** (**können**)
laden 積む	*du* lädst *er* lädt	**lud**	lüde	**geladen**
lassen ～させる	*du* lässt *er* lässt	**ließ**	ließe	**gelassen** (**lassen**)
laufen 走る	*du* läufst *er* läuft	**lief**	liefe	**gelaufen**
lesen 読む	*du* liest *er* liest	**las**	läse	**gelesen**
liegen 横たわっている		**lag**	läge	**gelegen**
mögen 好きである ～かもしれない	*ich* mag *du* magst *er* mag	**mochte**	möchte	**gemocht** (**mögen**)
müssen ～しなければならない	*ich* muss *du* musst *er* muss	**musste**	müsste	**gemusst** (**müssen**)
nehmen 取る	*du* nimmst *er* nimmt	**nahm**	nähme	**genommen**

不 定 詞	直説法現在	直説法過去	接続法第2式	過 去 分 詞
nennen 名を言う		**nannte**	nennte	**genannt**
raten 助言する	*du* rätst *er* rät	**riet**	riete	**geraten**
reiten 馬に乗る		**ritt**	ritte	**geritten**
rufen 呼ぶ		**rief**	riefe	**gerufen**
scheinen ～に見える，輝く		**schien**	schiene	**geschienen**
schlafen 眠っている	*du* schläfst *er* schläft	**schlief**	schliefe	**geschlafen**
schlagen 打つ	*du* schlägst *er* schlägt	**schlug**	schlüge	**geschlagen**
schließen 閉じる		**schloss**	schlösse	**geschlossen**
schneiden 切る		**schnitt**	schnitte	**geschnitten**
schreiben 書く		**schrieb**	schriebe	**geschrieben**
schreien 叫ぶ		**schrie**	schriee	**geschrie[e]n**
schweigen 黙る		**schwieg**	schwiege	**geschwiegen**
schwimmen 泳ぐ		**schwamm**	schwömme (schwämme)	**geschwommen**
sehen 見る	*du* siehst *er* sieht	**sah**	sähe	**gesehen**
sein ～である	*ich* bin *du* bist *er* ist	**war**	wäre	**gewesen**
singen 歌う		**sang**	sänge	**gesungen**
sinken 沈む		**sank**	sänke	**gesunken**
sitzen すわっている		**saß**	säße	**gesessen**
sollen ～すべきである	*ich* soll *du* sollst *er* soll	**sollte**	sollte	**gesollt** (sollen)
sprechen 話す	*du* sprichst *er* spricht	**sprach**	spräche	**gesprochen**

不　定　詞	直説法現在	直説法過去	接続法第2式	過　去　分　詞
stehen 立っている		**stand**	stünde (stände)	**gestanden**
steigen 登る		**stieg**	stiege	**gestiegen**
sterben 死ぬ	*du* stirbst *er* stirbt	**starb**	stürbe	**gestorben**
tragen 運ぶ	*du* trägst *er* trägt	**trug**	trüge	**getragen**
treffen 出会う	*du* triffst *er* trifft	**traf**	träfe	**getroffen**
treiben 追う		**trieb**	triebe	**getrieben**
treten 歩む	*du* trittst *er* tritt	**trat**	träte	**getreten**
trinken 飲む		**trank**	tränke	**getrunken**
tun する	*ich* tue *du* tust *er* tut	**tat**	täte	**getan**
vergessen 忘れる	*du* vergisst *er* vergisst	**vergaß**	vergäße	**vergessen**
verlieren 失う		**verlor**	verlöre	**verloren**
verschwinden 消える		**verschwand**	verschwände	**verschwunden**
wachsen 成長する	*du* wächst *er* wächst	**wuchs**	wüchse	**gewachsen**
waschen 洗う	*du* wäschst *er* wäscht	**wusch**	wüsche	**gewaschen**
wenden 向ける		**wandte**	wendete	**gewandt**
werden 〜になる	*du* wirst *er* wird	**wurde**	würde	**geworden (worden)**
werfen 投げる	*du* wirfst *er* wirft	**warf**	würfe	**geworfen**
wissen 知っている	*ich* weiß *du* weißt *er* weiß	**wusste**	wüsste	**gewusst**
wollen 〜したい	*ich* will *du* willst *er* will	**wollte**	wollte	**gewollt (wollen)**
ziehen 引く		**zog**	zöge	**gezogen**

荻野　蔵平　（おぎの　くらへい）
熊本大学名誉教授

メルケル首相のテレビ演説
―コロナ危機に挑むドイツ―
Fernsehansprache von Bundeskanzlerin Angela Merkel

2021 年 2 月 1 日　初版発行　　定価 本体 1,800 円(税別)

編 著 者　　ⓒ 荻　野　蔵　平
発 行 者　　近　藤　孝　夫
印 刷 所　　萩 原 印 刷 株 式 会 社

発 行 所　　株式会社 同　学　社

〒 112-0005　東 京 都 文 京 区 水 道 1-10-7
電話 (03)3816-7011 (代表)　振替 00150-7-166920

ISBN 978-4-8102-0632-6　　　　　　Printed in Japan